半小时 读懂
中国古代科学名著

斯塔熊 著/绘

梦溪笔谈

化学工业出版社

·北京·

图书在版编目（CIP）数据

梦溪笔谈/斯塔熊著、绘. —北京：化学工业出版社，
2024.8

（半小时读懂中国古代科学名著）

ISBN 978-7-122-45648-9

Ⅰ.①梦… Ⅱ.①斯… Ⅲ.①《梦溪笔谈》Ⅳ.
①Z429.441

中国国家版本馆CIP数据核字（2024）第097637号

责任编辑：龙　婧　　　　　　装帧设计：史利平
责任校对：李露洁

出版发行：化学工业出版社
　　　　　（北京市东城区青年湖南街13号　邮政编码100011）
印　　装：北京宝隆世纪印刷有限公司
710mm×1000mm　1/16　印张5¾　字数80千字
2025年1月北京第1版第1次印刷

购书咨询：010-64518888　　　　　售后服务：010-64518899
网　　址：http://www.cip.com.cn
凡购买本书，如有缺损质量问题，本社销售中心负责调换。

定　　价：39.80元　　　　　　　　　版权所有　违者必究

写给小读者 的话

亲爱的小读者，你一定知道中华民族有着光辉灿烂的科技。在相当长的历史时期内，中国古代科技都处于世界领先水平——

《梦溪笔谈》的内容涉及天文、历法、数学、物理、化学、生物、地理、地质、医学、文学、史学、考古、音乐等方面，被誉为"中国科技史上的坐标"。

《天工开物》被称为"中国17世纪生产工艺百科全书"，不但翔实地记述了明代居于世界先进水平的科技成就，而且大力弘扬了"天人合一"思想和能工巧匠精神。

《水经注》对江河湖泊、名岳峻峰、亭台楼阁、祠庙碑刻、道观精舍、方言异语、得名之由等都有详细记载，涉及地理学、地名学等诸多学科，是一部百科全书式的典籍。

《九章算术》是中国现存的一部最古老的数学书。它不但开拓了中国数学的发展道路，在世界数学发展中也占有极其重要的地位。

《徐霞客游记》涉及广阔的科学领域，丰富的科学内容，以及多方面的科学价值，在古代的地理著作中几乎无与伦比。

摆在你面前的这套书，精选古文底本，对全书内容进行生动流畅的翻译。趣味十足的手绘图，带你直观感受原汁原味的古代科技。同时，本书还广泛征引科普资料，设置精彩的链接知识，与原文相得益彰。

现在，
让我们一起步入古代科技的殿堂
去一览辉煌吧！

目录

笔 谈

《梦溪笔谈》其书

　　《梦溪笔谈》用大量篇幅记述并阐发自然科学知识，全面总结了宋朝以前中国科学技术的诸多成就，其中许多堪称当时世界最高水平。比如，书中记载的毕昇发明的泥活字印刷术，河北的团钢法和百炼钢法，羌人冷锻中对"瘊子"的应用，等等。

　　本书选取《梦溪笔谈》中最具代表性的篇章，使读者通过阅读这部科学史上的名著，感受中国古代劳动人民的智慧和才能。

唐宋服饰

这则笔记叙述了中国从南北朝到宋朝的衣冠服饰的演变。根据文字，不仅可以了解宋朝人的服饰喜好，还可以进一步探究历史上各民族之间的文化交融过程。

原文

中国衣冠，自北齐以来，乃全用胡服。窄袖、绯（fēi）绿短衣、长靿（yào）靴、有蹀躞（dié xiè）带，皆胡服也。窄袖利于驰射，短衣、长靿，皆便于涉草。胡人乐茂草，常寝处其间，予使北时皆见之。虽王庭亦在深荐中。予至胡庭日，新雨过，涉草，衣裤皆濡，唯胡人都无所沾。带衣所垂蹀躞，盖欲佩带弓剑、帉帨（fēn shuì）、算囊、刀砺之类。自后虽去蹀躞，而犹存其环，环所以衔蹀躞，如马之鞧（qiū）根，即今之带銙（kuǎ）也。天子必以十三环为节，唐武德、正观时犹尔。开元之后，虽仍旧俗，而稍褒博矣，然带钩尚穿带本为孔。

本朝加顺折，茂人文也。

中国的衣冠，从北齐以来，就全采用了北方少数民族的服制。袖子窄瘦、红色或绿色的短上衣、长筒靴、有蹀躞带，这些都是北方少数民族的装束。袖子窄瘦利于骑马射箭，短上衣、长筒靴都便于过草地。北方少数民族喜欢茂盛的草地，常居其中，我出使辽国时亲眼见过，即使是王庭也坐落在草丛深处。我到辽国王庭时，刚下过雨，过草地时衣裤都沾湿了，但辽人却没有沾湿。他们腰上的蹀躞带，大概是用来佩带弓、剑、手巾、算袋和磨刀石之类的物品。后来虽然去掉了蹀躞带，但还保留着它的挂环。这种环是用来系蹀躞带的，就像马车上络马股的革带上的套环，也就是现在腰带上的装饰物。天子的腰带必以十三个环作为礼节，唐初武德、贞观年间还是这样。开元年间后，虽然沿用了旧的习俗，但腰带都变得稍微宽大了一些。不过，带钩还是在腰带前端穿孔固定的。本朝时又在腰带上添加了分等级的挞尾，表示礼制文明的意味就更浓了。

短衣
便于骑射和其他
日常活动。

蹀躞带
可佩带弓、箭、手巾、
算袋、磨刀石等。

窄袖口
便于骑马射箭。

长靴
便于在草地
上行走。

雌黄粉涂字

这则笔记记载了古人把雌黄粉涂在错字上进行修改的方法。文中，沈括比较了四种方法：刮洗法、纸贴法、粉涂法、雌黄粉涂抹法。最后确认雌黄粉涂抹法改错字的效果最好。

馆阁新书净本有误书处，以雌黄涂之。尝校改字之法：刮洗则伤纸，纸贴之又易脱，粉涂则字不没，涂数遍方能漫灭。唯雌黄一漫则灭，仍久而不脱。古人谓之铅黄，盖用之有素矣。

馆阁新书的誊清本有写错的地方，使用雌黄粉涂抹。我曾经比较过几种改字的方法：用刀刮削擦拭容易损伤纸，用纸贴住错字又容易脱落，用铅粉涂抹则不容易盖住错字，要涂好几遍才能盖上。唯独用雌黄涂抹，一涂就能盖住错字，而且时间久了也不会脱落。古人也把雌黄称为"铅黄"，可见这种改字方法由来已久。

在古代，中国北方池盐的生产曾在社会经济与政治生活中占据重要地位。唐朝时，池盐带来的收益相当于天下赋税收入的一半，是朝廷收入的重要来源。宋朝时，解盐的产量足以供给全国一半以上人口食用。

本则笔记记述了解州池盐的生产情况，其中最有科学价值的是用淡水稀释盐卤制盐的记载。沈括还记述了当时的盐民与危害盐池的洪水做斗争的情况：由于浊水渗入盐卤会淤积于盐卤矿脉，从而导致盐卤不能浸出，为了保护池盐的生产，人们不得不修渠筑堤来抵御洪水。

解州盐池

原文

解州盐泽，方百二十里。久雨，四山之水悉注其中，未尝溢，大旱未尝涸。卤色正赤，在版泉之下，俚俗谓之"蚩尤血"。唯中间有一泉，乃是甘泉，得此水然后可以聚人。其北有尧梢水，一谓之巫咸河。大卤之水，不得甘泉和之，不能成盐。唯巫咸水入则盐不复结，故人谓之"无咸河"，为盐泽之患，筑大堤以防之，甚于备寇盗。原其理，盖巫咸乃浊水，入卤中，则淤淀卤脉，盐遂不成，非有他异也。

解州盐池，方圆一百二十里。雨多时，四周山上的水都流入池里，却从未漫出；大旱时，也从未干涸。硝板下面的卤水呈正红色，民间俗称"蚩尤血"。只在盐池中间有一处泉水是淡水泉，有了淡水，人们才能在这里聚集居住。盐池北面有尧梢河，也叫巫咸河。浓度高的咸水，如果不与淡水泉的水混合，就不能结晶出盐。唯独巫咸河的水流入时，盐池的水不能结晶，所以人们称它为"无咸河"，是盐池之患，因此人们筑堤防备它，重要性甚至超过防备盗贼。推究原理，大概巫咸河水本是浊水，流入咸水后，会因为淤积沉淀而造成咸水上源阻塞，使得咸水的含盐量降低而不能结晶，并没有其他特殊原因。

7

锻钢法

本则笔记记载了古代锻铁为钢的两种方法：团钢法和百炼钢法。

团钢法：一种低温炼钢法。把生铁和熟铁掺和在一起，用"泥封炼之，锻令相入"的工艺制成。这种方法在古代运用较多，如北朝工匠制造的"宿铁刀"，锋利无比，可以"斩甲过三十扎"，就是用团钢法锻制的。

百炼钢法：通过烧炼使铁渗碳，再经过锻打，使渗入的碳分布均匀，使晶粒变细，并清除原有杂质，从而获得优质钢。

生铁、熟铁和钢

生铁、熟铁和钢都是铁和碳的合金。熟铁含碳量在 0.02% 以下，生铁含碳量在 2.11%~4.3%，而钢的含碳量介于两者之间，含碳量在 0.02%~2.11%。

原文

世间锻铁所谓"钢铁"者，用"柔铁"屈盘之，乃以"生铁"陷其间，泥封炼之，锻令相入，谓之"团钢"，亦谓之"灌钢"。此乃伪钢耳，暂假生铁以为坚，二三炼则生铁自熟，仍是柔铁，然而天下莫以为非者，盖未识真钢耳。余出使至磁州锻坊，观炼铁，方识真钢。凡铁之有钢者，如面中有筋，濯(zhuó)尽柔面，则面筋乃见。炼钢亦然，但取精铁锻之百余火，每锻称之，一锻一轻，至累锻而斤两不减，则纯钢也，虽百炼不耗矣。此乃铁之精纯者，其色清明，磨莹之，则黯黯然青且黑，与常铁迥异。亦有炼之至尽而全无钢者，皆系地之所产。

世上锻铁所称的"钢铁"，是先将"熟铁"弯曲盘卷起来，再把"生铁"陷入其中，用泥封好加以烧炼，经过锻打使它们相互渗入，这叫"团钢"，也叫"灌钢"。其实这是伪钢，只是暂时依靠生铁提高熟铁的硬度，再经过两三次烧炼，生铁自然成为熟铁，最后得到的还是熟铁。然而天下人都没察觉这种方法有什么不对，大概是因为不知道什么是真钢。我出使北方的时候，路过磁州，到锻铁作坊看过炼铁，才认识了真钢。凡是有钢的铁，就像面里有面筋，把面团里面的软面洗干净了，才会见到面筋。炼钢也是这样，只要选取精铁，烧炼锻打百余次，每锻一次就称一次，锻一次轻一点，直到锻打多次而斤两不再减少，那就是纯钢了，即使再炼上百次也不会再有损耗。这是铁里面的精纯部分，它色泽清明，打磨后呈现出暗淡的青黑色，与一般的铁迥然不同。也有铁炼尽了而完全没有钢的，这都和铁的产地有关。

9

　　熙宁五年（公元 1072 年），沈括受命提举司天监。当时，司天监的官员大多是根本不懂历法的人，而天文仪器则沿用古代旧物，既不精确，又难使用。沈括继任后，罢免了六名失职的历官，荐举平民天文算学家卫朴进入司天监修正历法，并对天象观测仪器做了重要改进。

　　沈括改造的天文仪器主要包括浑仪、浮漏、景表。他的改造方案是：一要简化仪器的构造，二要提高观测的精确度。熙宁七年，新的浑仪、浮漏等制成后，朝廷在迎阳门召集大臣观测考察，观测的结果达到"校其疏密，无可比较"的地步。

　　天象观测仪器的改进，大大提高了观测的精确度，从而为沈括制订新历以及发现天体运行规律提供了准确的依据。

改造天文仪器

　　司天监铜浑仪，景德中历官韩显符所造，依仿刘曜时孔挺、晁崇、斛（hú）兰之法，失于简略。天文院浑仪，皇祐中冬官正舒易简所造，乃用唐梁令瓒（zàn）、僧一行之法，颇为详备，而失于难用。熙宁中，予更造浑仪，并创为玉壶浮漏、铜表，皆置天文院，别设官领之。天文院旧铜仪，送朝服法物库收藏，以备讲求。

司天监

宋朝时负责观测星象、制订历法的机构。

司天监的铜浑仪，是景德年间的历法官韩显符制造的，他仿照刘曜时代的孔挺、晁崇、斛兰的方法，缺点是太简单。天文院的浑仪，是皇祐年间的冬官正舒易简所造，用的是唐朝梁令瓒、僧一行的方法，写得非常详尽，但缺点是不怎么好用。熙宁年间，我重新制造了浑仪，并创制了玉壶浮漏、铜表等仪器，都放在天文院里，有专门的官员管理。天文院的旧铜仪，则送到朝服法物库收藏起来，以供讨论研究时参考。

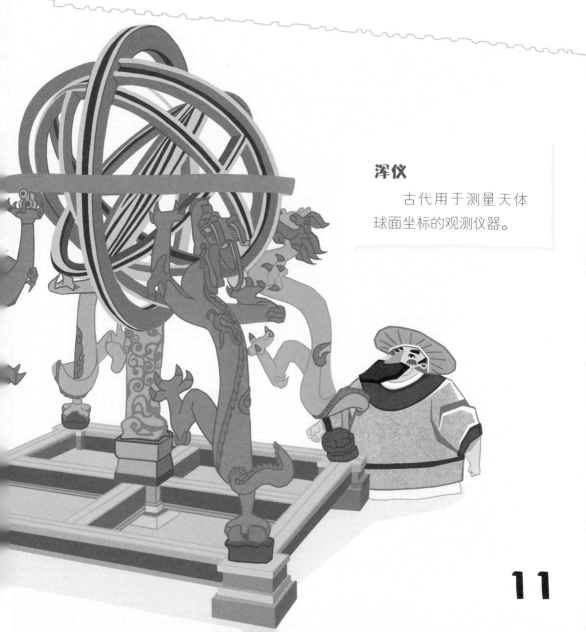

浑仪

　　古代用于测量天体球面坐标的观测仪器。

钱塘江堤

由于地理原因，杭州湾形成了举世闻名的钱塘涌潮。海潮是壮观的，但却会摧毁堤岸，从而威胁百姓的生命和财产。

从五代开始，人们就筑堤以抵御海潮的袭击。吴越王钱镠（liú）用竹络装石筑堤，并在堤外打下十余排木桩，称为"滉（huàng）柱"，以减小海潮对海堤冲击力。本则笔记记载了北宋中期拆除滉柱和修建月堤的事情。

原文

钱塘江，钱氏时为石堤，堤外又植大木十余行，谓之"滉柱"。宝元、康定间，人有献议取滉柱，可得良材数十万。杭帅以为然。既而旧木出水，皆朽败不可用。而滉柱一空，石堤为洪涛所激，岁岁摧决。盖昔人埋柱以折其怒势，不与水争力，故江涛不能为患。杜伟长为转运使，人有献说，自浙江税场以东，移退数里为月堤，以避怒水。众水工皆以为便，独一老水工以为不然，密谕其党曰："移堤则岁无水患，若曹何所衣食？"众人乐其利，乃从而和之。伟长不悟其计，费以巨万，而江堤之害，仍岁有之。近年乃讲月堤之利，涛害稍稀。然犹不若滉柱之利，然所费至多，不复可为。

钱塘江，五代吴越时修筑了石堤，石堤外又埋了十几排大木桩，叫"滉柱"。宝元、康定年间，有人献计把滉柱取出来，认为这样可以得到数十万根好木材。杭州长官认为可行。不久，旧木桩从水中捞出来，结果全都朽败不可再用了。而滉柱被一取而空，石堤受浪涛冲击，年年都被摧垮。原来，前人埋设滉柱就是为了缓冲浪涛的冲击，使石堤不与水直接冲撞，所以浪涛不会造成危害。杜伟长担任转运使时，有人建议在浙江盐税场以东，退后几里修筑一道月牙形石堤，这样也能避免水浪的冲击。水工们都认为这个办法可行，只有一个老水工认为不好，他暗地里和同伴们说："要是移了堤，每年就没有水患了，你们靠什么来穿衣吃饭？"众人都贪图利益，于是就附和他的意见。杜伟长没有察觉出其中的阴谋，结果花费了巨款，但江堤溃决的灾害仍然年年发生。近年来地方长官才认识到月堤的好处，修筑了月堤，终于使水害稍稍减轻。但这还是不如立滉柱的办法好，可惜筑造滉柱的开销太大，已经不可能重建了。

狄青智夺昆仑关

北宋皇祐四年（公元 1052 年），广源州壮族首领侬智高起兵反宋，朝廷大军节节失利。于是，朝廷命枢密副使狄青率兵征讨广南。当时，侬智高据守昆仑关，想恃险固守。因此，夺取昆仑关就成为宋军南进的关键。

这则笔记记述了狄青智夺昆仑关之事。狄青利用节日时机，布下迷阵，声称要在军中大宴将领三夜，但却在第二夜宴会中途突然退席，偷偷率军袭击昆仑关并取得大胜。文中记述了狄青的诱敌策略，表现了他卓越的军事才能。

狄青为枢密副使，宣抚广西。时侬智高守昆仑关，青至宾州，值上元节，令大张灯烛，首夜燕将佐，次夜燕从军官，三夜 飨军校。首夜乐饮彻晓，次夜二鼓时，青忽称疾，暂起如内。久之，使人谕孙元规，令暂主席行酒，少服药乃出，数使人勤劳座客。至晓，各未敢退，忽有驰报者云，是夜三鼓，青已夺昆仑矣。

狄青为枢密副使时，被派往广西任宣抚使。当时侬智高据守昆仑关，狄青到达宾州时，正是上元佳节，于是，他下令军中大张灯火，第一夜宴请军中高级军官，第二夜宴请次级军官，第三夜招待下级军官。第一夜，狄青通宵欢歌宴饮，第二夜二鼓时分，狄青忽然称病，暂时起身到内帐休息。过了很久，他派人告诉孙元规，要他暂时主持宴席，自己吃了药就出来，并多次派人向座上军官劝酒。到了早上，军官们都不敢擅自退席，忽然有人骑着快马前来报告说，昨天晚上三鼓时分，狄青已经夺取了昆仑关。

昆仑关

在今广西南宁市东北昆仑山上，地势险要。

15

本则笔记记述了陈述古智擒盗贼的故事。在没有办法确定谁是盗贼的时候，陈述古把嫌疑犯拘禁在大殿内，让他们逐一去摸一个帷幕中的大钟。盗贼因为做贼心虚，所以不敢摸钟，陈述古由此辨别出了真正的罪犯。可见，陈述古是一位深谙罪犯心理的官吏，他巧妙地利用罪犯的恐惧心理，制造了一种神秘的环境而使其主动暴露。这是一次成功断案的范例，而文中所描写的情节，后世很多小说中都曾引用。

智擒盗贼

原文

　　陈述古密直知建州浦城县日，有人失物，捕得莫知的(dí)为盗者。述古乃绐(dài)之曰："某庙有一钟，能辨盗，至灵。"使人迎置后閤祠(hé)之，引群囚立钟前，自陈不为盗者，摸之则无声；为盗者摸之则有声。述古自率同职，祷钟甚肃，祭讫，以帷帷之，乃阴使人以墨涂钟，良久，引囚逐一令引手入帷摸之，出乃验其手，皆有墨。唯有一囚无墨，讯之，遂承为盗。盖恐钟有声，不敢摸也。此亦古之法，出于小说。

枢密院直学士陈述古担任建州浦城县令时，有人财物被盗，抓获了一些嫌疑人，但不知谁是真正的盗贼。陈述古就骗他们说："某庙里有一口钟，能辨认盗贼，非常灵验。"他派人把钟迎来安放在后面的楼阁里，供奉起来，又带着这群嫌疑人站到钟前，告诉他们说："不是盗贼，摸钟不会发出声音；如果是盗贼，摸钟就会发出声音。"陈述古率领县衙官吏十分庄重地祭祀了钟，然后用帷幕把钟围起来，又暗中叫人将墨水涂在钟上。过了一会儿，才领着嫌疑人让他们逐一伸手到帷幕中去摸钟，出来再检查他们的手，手上都有墨迹，只有一个嫌疑人手上没有墨迹。审讯后，他承认了自己是盗贼，因为害怕钟发出声音，所以不敢摸。这也是古代的破案方法，出自小说的记载。

陈述古

陈襄（公元 1017—1080 年），字述古，号古灵先生，北宋理学家，"海滨四先生"之首。杨时称赞陈襄"以经术德行为一时儒宗"，朱熹也称赞"陈古灵文字尤好"。

陈襄画像

17

浅

钱

右文说

本则笔记记载了宋朝王子韶（字圣美）的"右文"说。

"右文"是相对于传统的"左文"而言的。中国的汉字（主要指形声字）大多能分成意符和声符两部分，意符表示字的意义范畴，声符代表其读音类别。因此，历代的文字学家分析汉字的意义都是从意符入手的，这就形成了"左文"。

王子韶通过分析诸多汉字的声符，提出了以声为义的观点。这个见解是对传统文字学研究的突破，对清朝语言文字学家所倡导的"因声求义"的研究方法，具有极大的启发作用。

原文

王圣美治字学，演其义以为右文。古之字书，皆从左文。凡字，其类在左，其义在右。如木类，其左皆从"木"。所谓右文者，如"戋"，小也，水之小者曰"浅"，金之小者曰"钱"，歹而小者曰"残"，贝之小者曰"贱"。如此之类，皆以"戋"为义也。

王圣美研究文字学，推演文字的义类而创立了"右文"说。古代的字书，字义都从文字的左偏旁归类。一般汉字的构成是表示类别的部分在左边，表示意义的部分在右边。比如，表示树木一类的字，左边都是"木"。所谓"右文"，如"戋"是小的意思，所以小的水流叫"浅"，小的金属叫"钱"，小的歹叫"残"，小的贝壳叫"贱"。诸如此类的字，都把右边的"戋"作为字的意义。

19

牡丹花图

本则笔记记载的故事表现了宋朝人在中国画艺术方面的审美情趣。绘画者通过对牡丹花卉、猫眼的细致描绘，向人们展示了客观的现实；而鉴赏者通过对画的观赏，能够把握画的内涵。这种精细观察并真实再现艺术客体的画风，发展到后来就成了中国传统工笔画的精髓。

工笔画

也叫"细笔画"，更多地关注所绘事物的"细节"，注重写实。

原文

欧阳公尝得一古画牡丹丛，其下有一猫，未知其精粗。丞相正肃吴公与欧公姻家，一见曰："此正午牡丹也。何以明之？其花披哆而色燥，此日中时花也；猫眼黑睛如线，此正午猫眼也。有带露花，则房敛而色泽。猫眼早暮则睛圆，日渐中狭长，正午则如一线耳。"此亦善求古人心意也。

欧阳修曾经得到一幅古画，画的是牡丹花丛，花下有一只猫，他不知道这幅画的粗精程度如何。丞相吴育与欧阳修是儿女亲家，他一见到这画就说："这是正午时的牡丹。根据什么看出来的呢？它的花瓣张开而且颜色干燥，这是中午时的花；猫眼的黑瞳孔如同一条线，这是正午时的猫眼。如果是早上带露水的花，那么它的花房就是紧束的，而且颜色鲜亮；猫眼在早晨、晚上时，瞳孔都是圆的，接近中午就渐渐变得狭长，到正午就变成一条线了。"这真是善于揣摩古人的心意。

21

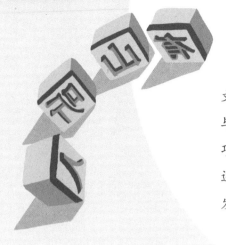

活字印刷术

印刷术是中国古代科技四大发明之一，本文记载的就是宋朝人毕昇发明的活字印刷术。毕昇创造了胶泥活字，这是印刷技术发展的一项重要改革。这则笔记是宋朝唯一记载毕昇事迹的文献资料，对于研究中国古代印刷技术的发展具有极为重要的意义。

原文

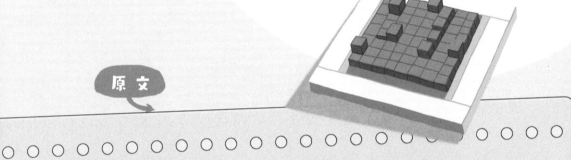

版印书籍，唐人尚未盛为之，自冯瀛王始印五经，已后典籍，皆为版本。庆历中，有布衣毕昇，又为活版。其法用胶泥刻字，薄如钱唇，每字为一印，火烧令坚。先设一铁版，其上以松脂、腊和纸灰之类冒之。欲印则以一铁范置铁板上，乃密布字印。满铁范为一板，持就火炀（yáng）之，药稍熔（róng），则以一平板按其面，则字平如砥（dǐ）。若止印三、二本，未为简易；若印数十百千本，则极为神速。常作二铁板，一板印刷，一板已自布字，此印者才毕，则第二板已具。更互用之，瞬息可就。每一字皆有数印；如"之""也"等字，每字有二十余印，以备一板内有重复者。不用则以纸贴之，每韵为一贴，木格贮之。有奇字素无备者，旋刻之，以草火烧，瞬息可成。不以木为之者，木理有疏密，沾水则高下不平，兼与药相粘，不可取。不若燔（fán）土，用讫再火令药熔，以手拂之，其印自落，殊不沾污。昇死，其印为余群从所得，至今保藏。

雕版印刷书籍，在唐朝还没有盛行，冯瀛王奏请开始雕版印刷五经后，传统的文献和书籍就都是雕版印刷的版本了。庆历年间，平民毕昇又发明了活版。他的方法是用胶泥刻字，笔画凸出部分的厚薄程度就像铜钱的边缘，每个字刻成一个印，用火烧使它坚硬。先备置一块铁板，上面用松脂、蜡和纸灰之类的药料覆盖。要印书时，便把一个铁制的框放在铁板上，密密地排上字印。满一框为一板，拿到火上烘烤。药料渐渐熔化，就用一块平板压在字印的版面上，这样字印的版面就平整得像磨刀石一样。如果只印三两本书，这办法不算简便；如果要印数十本、上百本甚至上千本书，这办法就非常神速。活字印刷通常准备两块铁板，一块印刷时，另一块已在排字。这一板刚刚印完，第二板已准备好了。交替使用，很快就可以把书印好。每一个字都有几个印，像"之""也"等字，每个字都有二十几个印，以预备一板之内有重复的字。不用的时候，就用纸贴好标签，每一个韵的字做一个标签，用木格子把它们储存起来。遇到平时未曾准备的生僻字，立即刻制，用草火烧制，转眼可成。活字不用木制，是因为木料纹理有疏密，沾水后便会高低不平，而且还会和药料粘在一起，取不下来。不如用泥烧制的字印，用完后再用火烘烤，使药料熔化，用手一抹，字印自然会脱落，完全不会沾上药料。毕昇死后，他的字印被我的子侄们得到，珍藏至今。

23

　　本则笔记记述了党项羌人李定制作的"神臂弓"。这种弓是对传统弓的改进，其最大的特点是在弓臂上增加了一个镫。镫就像铁制的马镫，在开弓的时候，可以用脚踏住镫，用手拉弦。这样一来，开弓的力量增加了，弓的弹射力也就大大提高了，是威力极大的兵器。这种弓一直沿用到南宋时期，还受到人们的重视。

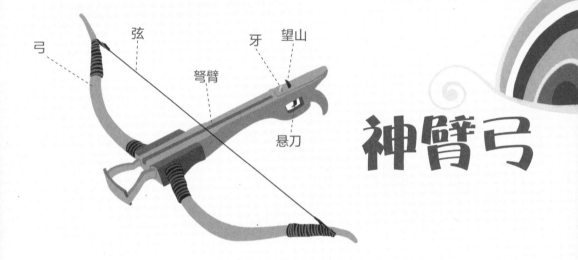

弓　弦　弩臂　牙　望山　悬刀

神臂弓

原文

　　熙宁中，李定献偏架弩，似弓而施干镫（gàndèng）。以镫距地而张之，射三百步，能洞重（chóng）札，谓之"神臂弓"，最为利器。李定本党项羌酋，自投归朝廷，官至防团而死，诸子皆以骁勇雄于西边。

弓和弩

古代战争当中最常见的两种远程武器。弓的射击更为灵活，而弩的持续作战能力和精准度则更高。

熙宁年间，李定向官府献上一台偏架弩，形状像弓，但又装有弩身和镫。用脚踩着镫抵在地上开弓，能将箭射出三百步远，还可以射穿多层铠甲，当时称它为"神臂弓"，是最有杀伤力的兵器。李定本来是党项羌族人的首领，自从他归顺了朝廷，官至防御使、团练使而去世，他的几个儿子都以骁勇善战而称雄于西北边地。

25

凸面镜

在我国，制造铜镜的历史至少可以追溯到新石器时代齐家文化时期，而且制镜工艺历代都在不断改进，制出的铜镜也更加精美。

在本则笔记中，沈括比较了各类古铜镜的特点，说明了镜面大小与曲率的关系。他指出镜面大小与它的曲率构成相反关系：镜面大，能照出的人脸范围就大，镜子可以造得平些；镜面小，则容量小，要照出人脸全貌，必须造得凸些。

沈括的这一认识是符合凸面镜成像规律的。

原文

古人铸鉴，鉴大则平，鉴小则凸。凡鉴洼则照人面大，凸则照人面小。小鉴不能全视人面，故令微凸，收人面令小，则鉴虽小而能全纳人面，仍复量鉴之小大，增损高下，常令人面与鉴大小相若。此工之巧智，后人不能造，比得古鉴，皆刮磨令平，此师旷所以伤知音也。

古代人铸造铜镜时，镜面大就铸成平的，镜面小就铸成凸的。凡是凹面的镜子照出来的人脸就大，凸面的镜子照出来的人脸就小。小镜子不能照出人脸的全貌，所以让它微微凸起，使照出的人脸缩小，这样的铜镜虽小也能完整地照出人脸，铸镜时，就要测试镜面的大小，来增减镜子凸起的程度，使照出来的人脸与镜面的大小相当。这是古代工匠的奇巧智慧，后人造不出这样的铜镜，得到古铜镜后，又都将其刮磨成平的，这正是师旷感伤缺少知音的原因。

27

hóu
瘊子甲

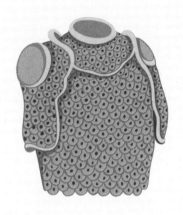

宋朝时，西北边地的羌人已经掌握冷锻金属以提高金属坚硬度的技术。本则笔记所记述的"瘊子甲"就是一个实例。沈括在文中对这种铁甲的坚韧性和锻造工艺做了详尽的说明。

原文

青堂羌善锻甲，铁色青黑，莹彻可鉴毛发。以麝皮为蚛^(xiū)旅之，柔薄而韧。镇戎军有一铁甲，椟藏之，相传以为宝器。韩魏公帅泾原，曾取试之。去之五十步，强弩射之，不能入。尝有一矢贯札，乃是中其钻空; 为钻空所刮，铁皆反卷，其坚如此。凡锻甲之法，其始甚厚，不用火，冷锻之，比元厚三分减二乃成。其末留箸^(zhù)头许不锻，隐然如瘊子^(hóu)，欲以验未锻时厚薄，如浚河留土笋也，谓之"瘊子甲"。今人多于甲札之背隐起，伪为瘊子，虽置瘊子，但无非精钢，或以火锻为之，皆无补于用，徒为外饰而已。

青堂羌人善于锻造铠甲，铠甲铁片的颜色青黑，晶莹透亮，可以照见毛发。用麝皮做成的背心缀以甲片，柔薄而坚韧。镇戎军有一副铁甲，用木匣珍藏着，当作宝物代代相传。韩魏公任泾原路统帅时，曾经取出来试验过。在离铁甲五十步开外，用强弩射击，不能射穿。曾有一支箭穿透了甲片，原来是正好射中了甲片中间的小钻孔，箭头被钻孔刮削，铁片都反卷起来了，铁甲竟坚硬如此。凡锻造铁甲，开始时铁片很厚，不用火加热，只进行冷锻，直到铁片的厚度比原来减少三分之二，就算锻成了。甲片末端留下筷子头大小一块不锻，隐约如皮肤上长的瘊子，用它来检查铁片没有锻打时的厚度，如同疏浚河道时留下的测量地面原来高度的土桩一样，所以这种铁甲被称为"瘊子甲"。现在的人锻甲，往往在甲片背面故意造出突起的小块，假充瘊子，这种铁甲虽然有瘊子，但所用的材料不是优质钢，或者是用火煅烧的方法制作的，所以都没什么大用，只能作为外表的装饰罢了。

29

陨石

本文记述了发生在常州的一次流星陨落现象。沈括对流星的出现、坠落以及陨石被发掘出来的全过程做了如实记载，详细地描述了它的火光、温度、形状、比重。尤其重要的是，他发现陨石的成分是铁。这是中国古代文献资料中对陨石成分的首次文字记录，与现代对陨石成分的认识相吻合。

原文

治平元年，常州日禺时，天有大声如雷，乃一大星，几如月，见于东南；少时而又震一声，移著西南；又一震而坠在宜兴县民许氏园中，远近皆见，火光赫然照天，许氏藩篱皆为所焚。是时火息，视地中只有一窍如杯大，极深。下视之，星在其中，荧荧然。良久渐暗，尚热不可近。又久之，发其窍，深三尺余，乃得一圆石，犹热，其大如拳，一头微锐，色如铁，重亦如之。州守郑伸得之，送润州金山寺，至今匣藏，游人到则发视，王无咎为之传甚详。

治平元年（公元1064年），常州有一天正逢太阳落山时，天上忽然传来巨大声响，如同雷鸣，只见一颗像月亮那样大的星，出现在东南方；不一会儿，又一声震响，大星移动闪亮于西南方；又一声震响后，坠落在宜兴县百姓许氏的园子里。远近的人都看见火光赫然照亮天空，许家园子的篱笆都被烧毁了。等到火光熄灭了，只见地上有一个洞，洞口像杯口那么大，特别深。向下看，大星还在其中熠熠发光。过了很久，才渐渐暗下去，但仍然热得不可接近。又过了很久，挖开洞，掘下去三尺多深，挖到了一块圆石，表面还热乎乎的。圆石像拳头一样大，一端略微尖些，颜色像铁，重量也和铁差不多。常州守令郑伸得到它，把它送到了润州金山寺，至今还在寺中用匣子珍藏着，有游人来参观时才打开匣子展示，王无咎为此写了一篇文章，记载得非常详细。

31

虹

熙宁八年（公元1075年），沈括奉诏出使辽国。在使辽途中，他注意观测和考察了所遇见的种种自然奇观。本则笔记记述的就是他在路上见到光的折射现象——虹。

沈括的观察极为细致，而且他的观察结果是符合科学原理的，这也说明了宋朝天象观测的水平已经非常高了。

原文

世传虹能入溪涧饮水，信然。熙宁中，余使契丹，至其极北黑水境永安山下卓帐。是时新雨霁，见虹下帐前涧中。余与同职扣涧观之，虹两头皆垂涧中。使人过涧，隔虹对立，相去数丈，中间如隔绡縠（xiāo gǔ）。自西望东则见，盖夕虹也。立涧之东西望，则为日所铄，都无所睹。久之，稍稍正东，逾山而去。次日行一程，又复见之。孙彦先云："虹，雨中日影也，日照雨即有之。"

世人传说虹能够进溪涧中饮水，确实如此。熙宁年间，我出使契丹，到其最北边黑水境内的永安山下设帐宿营。当时刚刚雨过天晴，看见一道虹下垂到营帐前边的溪涧中。我和同僚进入溪涧观看，虹的两端都垂到涧水中。派人过涧，隔着虹与我们相对站立，相距几丈，中间像隔着一层薄纱。自西向东望，就看见虹了，大概因为这是傍晚的虹。站在涧的东边向西望，因为太阳光的照射，什么都看不见了。过了很久，虹逐渐移向正东方，最后越过山岭而消失。第二天继续前行一段路，又看见了虹。孙彦先说："虹是太阳在雨中的影子，太阳照在雨珠上就会有虹出现。"

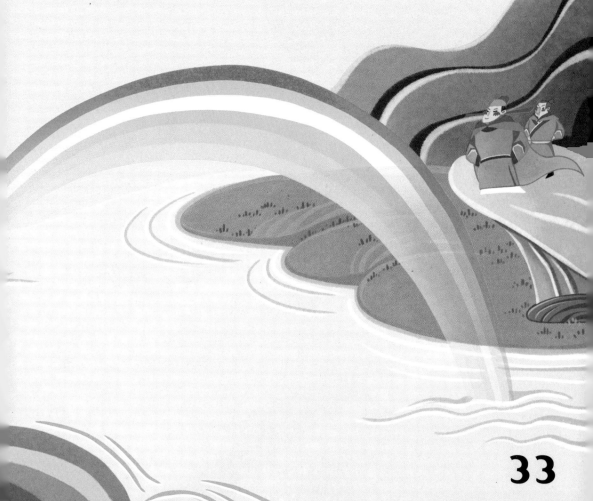

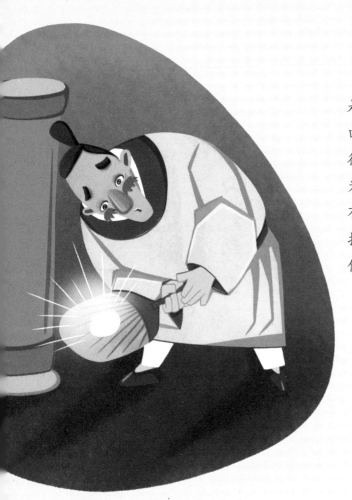

化学发光、生物发光本来是一种自然现象，但在古代，由于人们缺乏科学知识，因此往往感到恐怖和神秘，称它们为鬼火、神灯。沈括尽管还没有明确它们的发光原理，但却指出这是"物"，而不带有迷信色彩。

冷光

卢中甫家吴中，尝未明而起，墙柱之下，有光熠然。就视之，似水而动，急以油纸扇挹之，其物在扇中混漾，正如水银，而光艳烂然，以火烛之，则了无一物。又魏国大主家亦尝见此物。李团练评尝与余言，与中甫所见无少异，不知何异也。余昔年在海州，曾夜煮盐鸭卵，其间一卵，烂然通明如玉，荧荧然屋中尽明。置之器中十余日，臭腐几尽，愈明不已。苏州钱僧孺家煮一鸭卵，亦如是。物有相似者，必自是一类。

卢中甫家住吴中，他曾有一次天不亮就起床了，发现墙柱下面有光亮闪耀。走近一看，那东西像水一样浮动，他急忙用油纸扇把它舀起来，它就在扇上晃动，如水银一样灿烂发光，用烛光照，却什么都没有。另外，魏国大长公主家里也曾见过这种东西。团练使李评也曾与我谈过此事，和卢中甫见到的没有多大差别，不知是何种怪异东西。我以前在海州的时候，曾有一天夜里煮咸鸭蛋，其中一个鸭蛋像玉石一样光亮通明，荧荧的光亮照得满屋子都明亮起来，把它放在器皿中十多天，臭烂腐败后却更加明亮。苏州钱僧孺家煮过一个鸭蛋，也是这样。彼此相似的东西，想必属于同一类。

35

登州地震

　　山东登州地处中国东北地震带（这一地震带位于辽东半岛、渤海海域、山东半岛之间），在历史上有不少地震记录。据《宋史·五行志》记载，宋仁宗庆历六年（公元1046年）三月，"登州地震，巨嵎山摧。自是震不已，每震则海底有声如雷"。本则笔记就是对这次地震的记录，描述了大石崩落及余震持续多年的现象，对研究地震历史极具价值。

原文

　　登州巨嵎^{yú}山，下临大海。其山有时震动，山之大石皆颓入海中。如此已五十余年，土人皆以为常，莫知何谓。

登州巨嵎山，下面临着大海。这座山有时会震动，山上的大石头都坠落到海里。这种情况已经有五十多年了，当地人都习以为常，但没有人知道为什么会这样。

37

海市蜃楼

关于海市蜃楼，古代早已有记载，如《史记·天官书》说："海旁蜃气象楼台，广野气成宫阙然。"记录了海滨和陆地上的海市蜃楼现象。但是，这些记载大多是用蛟龙、蜃蛤吐气凝结来解释其成因，往往带有迷信色彩。即使到了宋朝，欧阳修仍把它看作"鬼神自空中过"的神怪现象。

本则笔记记述了登州出现的海市蜃楼奇观。沈括认为海市蜃楼并不是"蛟蜃之气所为"，这种见解在当时的确高人一等。

登州海中，时有云气，如宫室、台观、城堞（dié）、人物、车马、冠盖，历历可见，谓之"海市"。或曰："蛟蜃（shèn）之气所为"，疑不然也。欧阳文忠曾出使河朔，过高唐县，驿舍中夜有鬼神自空中过，车马人畜之声一一可辨，其说甚详，此不具纪。问本处父老，云："二十年前尝昼过县，亦历历见人物。"土人亦谓之"海市"，与登州所见大略相类也。

登州一带的海面上，时常有云气出现，像宫殿、楼台、城墙、人物、车马、冠冕、车盖，清晰可见，人们称之为"海市"。有人说"这是海中的蛟龙和巨蜃吐气造成的"，我怀疑不是这样。欧阳文忠公曾奉命出使河朔地区，途经高唐县，驿舍中夜里听到有鬼神从空中经过，车马、人畜的声音都一一可辨，他叙述得很详细，这里不再详述。我询问过当地父老，说："二十年前这种现象也曾在白天出现过，天上路过的人物也历历可见。"当地人都称之为"海市"，与在登州所见到的景象大致相同。

延州化石

在本则笔记中，沈括描述了他在延州永宁关发现的"竹"化石。沈括的见解超出前人之处，在于他能根据化石正确地推断出古今气候的变异，得出古时候延州气候"地卑气湿而宜竹"的结论，这一论断是符合古生物学原理的，与现代科学测定的中国远古时代的地质状况相吻合。

原文

近岁延州永宁关大河岸崩，入地数十尺，土下得竹笋一林，凡数百茎，根干相连，悉化为石。适有中人过，亦取数茎去，云欲进呈。延郡素无竹，此入在数十尺土下，不知其何代物。无乃旷古以前，地卑气湿而宜竹耶？婺州金华山有松石，又如桃核、芦根、地蟹之类，皆有成石者，然皆其地本有之物，不足深怪。此深地中所无，又非本土所有之物，特可异耳。

化石

存留在岩石中的古生物遗体、遗物或遗迹。最常见的是骨头与贝壳等。

近年来，延州永宁关附近的黄河河岸崩塌，在地下数十尺的土层中，发现了成林的竹笋，总共有几百根，它们根干紧密相连，都变成了石头。恰好有宦官经过，取走了几根，说要进献给皇上。延州一带素来没有竹子，这些竹笋埋在数十尺深的土层下，不知是什么时代的。难道在远古以前，这里地势低下，气候湿润，适宜竹子生长？婺州金华山有松树的化石，又如桃核、芦根、地蟹之类的东西都有化成石头的，但它们都是当地本来就有的东西，不足为奇。这些竹笋是深土层中所没有的东西，又不是本地出产之物，所以让人觉得特别奇怪。

泽州蛇状化石

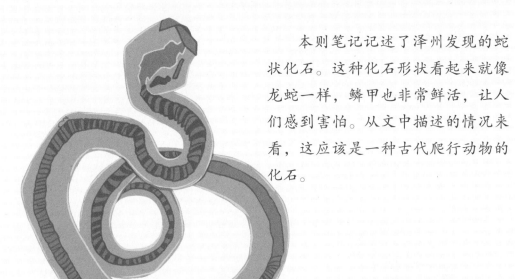

本则笔记记述了泽州发现的蛇状化石。这种化石形状看起来就像龙蛇一样，鳞甲也非常鲜活，让人们感到害怕。从文中描述的情况来看，这应该是一种古代爬行动物的化石。

治平中，泽州人家穿井，土中见一物，蜿蜒如龙蛇。大畏之，不敢触，久之，见其不动，试摸之，乃石也。村民无知，遂碎之，时程伯纯为晋城令，求得一段，鳞甲皆如生物。盖蛇虿所化，如石蟹之类。

治平年间，泽州有一户人家挖井时，在土中发现一样东西，形状蜿蜒曲折像龙蛇。人们都很害怕，不敢触摸。但是过了很久，见它不动，就试着去摸它，原来是石头。村民无知，竟然把它敲碎了，当时程伯纯为晋城县令，访求得到一段碎片，鳞甲就像活物一样。这大概是由蛇蜃所化成的，如同蟹的化石之类的东西。

能成为化石的生物

具有硬体的生物保存成为化石的可能性较大，如各种贝壳、脊椎动物的骨骼等。因为这些硬体主要由矿物质组成，能够较为长久地抵御各种破坏留存下来。

43

海蛮师

这则笔记记述了海州渔民捕捉到的一种叫"海蛮师"的动物。从文中描述来看，海蛮师应是海洋中的一种哺乳动物——海豹。海豹分布在北极、南极附近及温带或热带海洋中。在中国，海豹主要分布在渤海湾内。

嘉祐中，海州渔人获一物，鱼身而首如虎，亦作虎文，有两短足在肩，指爪皆虎也，长八九尺，视人辄泪下。舁至郡中，数日方死。有父老云："昔年曾见之，谓之'海蛮师'。"然书传小说未尝载。

嘉祐年间，海州的渔民捕捉到一种海生动物，身子像鱼而头像老虎，身上的花纹也像老虎的花纹，肩上有两条短腿，指爪都和老虎一样，体长八九尺，看到人就流眼泪。渔民把它抬到州府衙门里，过了几天才死去。有乡里年长者说："早年曾见过这种动物，叫作'海蛮师'。"然而史书、传记、小说中，对它都没有记载。

旋风

本则笔记记述了熙宁九年(公元1076年)恩州武城县遭受旋风袭击的事情。从文中描述可知，这种旋风就是现代气象学上所称的龙卷风。在文中沈括真实地描述了龙卷风发生的过程和它造成的灾害，这是中国气象学史上关于龙卷风的珍贵资料。

熙宁九年，恩州武成县有旋风自东南来，望之插天如羊角，大木尽拔，俄顷旋风卷入云霄中。既而渐近，乃经县城，官舍民居略尽，悉卷入云中。县令儿女奴婢，卷去复坠地，死伤者数人。民间死伤亡失者，不可胜计。县城悉为丘墟，遂移今县。

熙宁九年（公元1076年），恩州武成县有旋风从东南方刮来，远远望去，风柱像一只羊角直插入天空，大树尽被拔起，不一会儿，旋风就把它们卷入云霄中。不久，旋风渐渐地移近，经过县城时，官舍、民房几乎被一扫而尽，全都被卷入云中。县令的儿女和奴婢被旋风卷起，又摔在地上，死伤的有好几个人。老百姓死伤和失踪的人不计其数。县城完全成为一片废墟，于是就移到了现在的新建地址。

龙卷风的类型

　　按龙卷风的形态和产生环境，一般可以分为多涡旋龙卷、陆龙卷、水龙卷、火龙卷等。

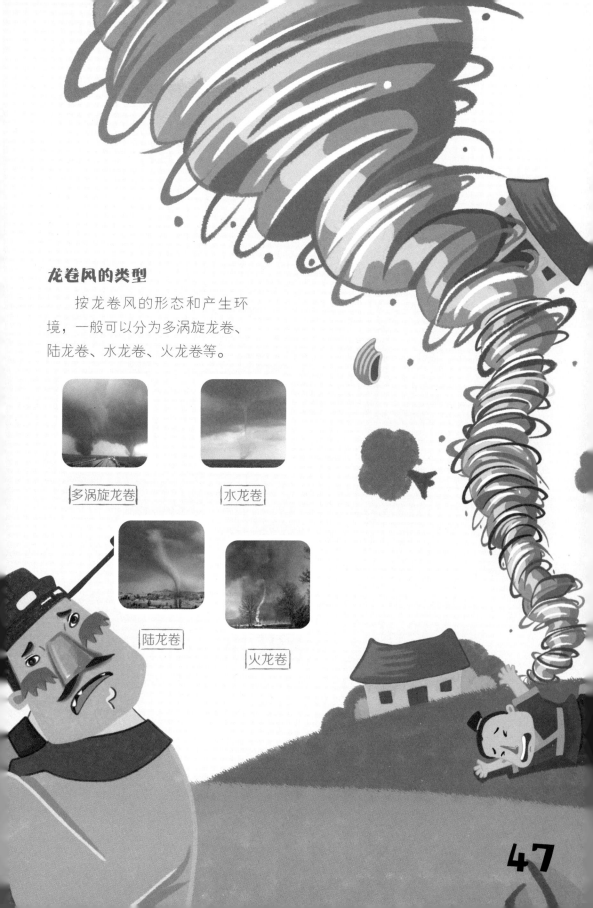

多涡旋龙卷

水龙卷

陆龙卷

火龙卷

47

元丰三年至五年（公元 1080—1082 年），沈括调任延州知州，并兼任鄜延路经略安抚使。延州在古代一直是盛产石油之地。在延州任上，沈括考察了石油的出产情况，并将其命名为"石油"。这一科学名称后来为世界各国所接受并沿用至今。

沈括用石油烟炱代替松木烟炱，制造出质地优良的墨，开辟了石油利用的新途径。

石油

鄜延境内有石油，旧说"高奴县出脂水"，即此也。生于水际，沙石与泉水相杂，惘惘而出，土人以雉尾裛之，乃采入缶中。颇似淳漆，然之如麻，但烟甚浓，所沾幄幕皆黑。余疑其烟可用，试扫其煤以为墨，黑光如漆，松墨不及也，遂大为之，其识文为"延川石液"者是也。此物后必大行于世，自余始为之。盖石油至多，生于地中无穷，不若松木有时而竭。今齐、鲁间松林尽矣，渐至太行、京西、江南，松山大半皆童矣。造煤人盖未知石烟之利也，石炭烟亦大，墨人衣。余戏为《延州诗》云："二郎山下雪纷纷，旋卓穹庐学塞人。化尽素衣冬未老，石烟多似洛阳尘。"

鄜延路境内有石油，古书记载"高奴县境出产脂水"，就是指这东西。石油出产于水边，从与沙石、泉水相混杂的地方缓缓流出，当地人用野鸡的长尾羽把油蘸起来，采集到瓦罐中。它的样子很像是浓漆，石油燃起来像烧麻秆一样，只是烟很浓，被烟沾染的帷幕都变黑了。我疑心它的烟灰可以利用，就试着把烟灰扫起来制墨，造出来的墨黑亮得像漆一样，连用松烟制成的墨也比不上，于是就大量生产这种墨，墨上还刻着"延川石液"的标记。这种墨以后必然会在世上广泛应用，我的试验只是个开始。石油蕴藏极为丰富，产于地下，无穷无尽，不像松木那样总有一天会用完。现今齐、鲁一带的松林已经没有了，逐渐发展到太行、京西以及江南一带，松山大半也光秃秃的了。用松烟制墨的人大概还不知道使用石油烟尘的好处，烧石炭产生的烟尘也很大，能染黑人的衣服。我戏作了一首《延州诗》道："二郎山下雪纷纷，旋卓穹庐学塞人。化尽素衣冬未老，石烟多似洛阳尘。"

49

跳兔

在这则笔记中，沈括记载了他出使辽国时捕获的跳鼠，称其为"跳兔"，并确切地描述了它们的生理特征。

跳鼠多分布在中国内蒙古、新疆一带，现代动物学归为啮齿目动物。它们经常在沙漠里或稀树丛旁跳跃而过，不但跳得快、跳得远，而且能连续不断地跳跃。

原文

契丹北境有跳兔，形皆兔也，但前足才寸许，后足几一尺。行则用后足跳，一跃数尺，止则蹶然（jué）扑地。生于契丹庆州之地大莫中。余使虏日，捕得数兔持归。盖《尔雅》所谓"蟨兔（jué）"也，亦曰"蟨（qióng）蛩巨驉（xū）"也。

契丹边境（泛指今东北大兴安岭一带）的北部有一种跳兔，体形和普通的兔子完全一样，但前足只有一寸来长，后足几乎长一尺。行进时它用后足跳跃，一次能跳几尺远，停下来时则扑倒在地。跳兔生长在契丹庆州（今内蒙古巴林左旗西北）一带的荒漠中。我出使辽国时曾捕获了几只带回来。这种动物大概就是《尔雅》所说的"蟨兔"，也叫作"蛩蛩巨驉"。

51

淤田

　　本则笔记记述了汉唐时期引河水淤田的成就。汉朝用泾水灌溉渭河平原，唐朝引汴河水淤积于下游沼泽，这都给百姓带来了好处，因而受到广泛歌颂。由此证明淤田确实是富国利民之举。

原文

　　熙宁中，初行淤田法。论者以谓《史记》所载："泾水一斛（hú），其泥数斗，且粪且溉，长我禾黍（shǔ）。"所谓"粪"，即"淤"也。余出使至宿州，得一石碑，乃唐人凿六陟（zhì）门，发汴（biàn）水以淤下泽，民获其利，刻石以颂刺史之功。则淤田之法，其来盖久矣。

熙 宁年间，开始推行淤田法。议论者根据《史记》记载："泾水一斛，其泥数斗，且粪且溉，长我禾黍。"这里所说的"粪"，说的就是淤田。我出使宿州时，发现一块石碑，说的是唐朝人开凿六陡门，引汴河水淤积在下游的沼泽，百姓由此得到益处，因此刻石碑来称颂刺史的功绩。可见淤田的方法由来已久。

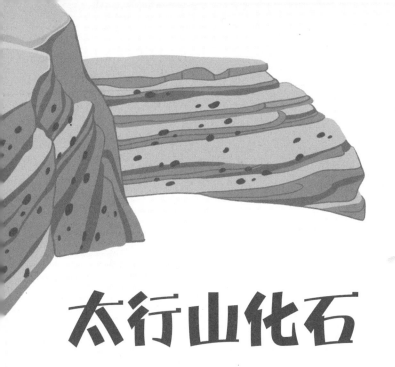

化石之乡

山西榆社是闻名中外的"化石之乡"，其化石数量大、种类多、层位连续、延续时间长，被称赞为"哺乳动物化石宝库"。

太行山化石

熙宁七年（公元 1074 年），沈括担任河北西路察访使。在巡察途中，他考察了太行山一带的化石沉积情况，并做出了科学的推断。本则笔记记述的就是这次考察的内容。

在中国，很早就有关于海陆变迁的说法，那就是"沧海桑田"的传说。唐朝著名书法家颜真卿曾用化石推测海陆变迁，他说："（麻姑山）高石中犹有螺蚌壳，或以为桑田所变。"沈括则把古人对地质学的认识更推进了一步，正确论述了华北平原的形成原因，是中国地质学史上的一次重大发现。

余奉使河北，边太行而北，山崖之间，往往衔螺蚌壳及石子如鸟卵者，横亘石壁如带。此乃昔之海滨，今东距海已近千里。所谓大陆者，皆浊泥所湮耳。尧殛鲧于羽山，旧说在东海中，今乃在平陆。凡大河、漳水、滹沱（hū tuó）、涿水、桑干之类，悉是浊流。今关、陕以西，水行地中，不减百余尺，其泥岁东流，皆为大陆之土，此理必然。

我奉命考察河北，沿着太行山向北走，山崖的岩石中常嵌有螺蚌壳及像鸟卵一样的石子，它们横贯在石壁中间如同一条长带子。这里应该是昔日的海滨，而现在东边距离大海已经有近千里远了。所谓大陆，都是由水中浑浊的泥沙沉积而成的。尧在羽山杀死鲧，按旧时的说法，羽山在东海中，但现在却在陆地上。黄河、漳河、滹沱河、涿水、桑干河之类的河流，全都是浑浊的水流。现在关、陕以西，水流在低于地面的峡谷中流动，最深处不下一百多尺，它们挟带的泥沙年年向东流，最后都成为造大陆的泥土，大陆由此形成就是必然的结果。

海陆变迁

海陆变迁早在古代就已经被人们所觉察和认识。海陆变迁的原因有很多，如地壳的变动、海平面的升降以及人类的活动，如填海造陆等。

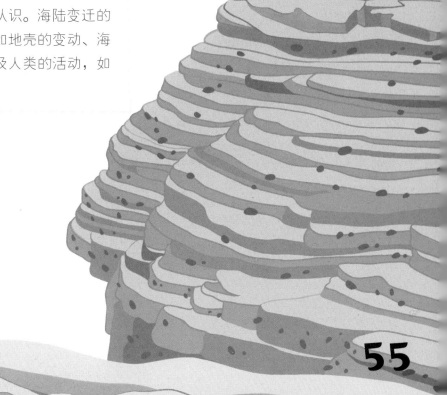

雁荡山

在这则笔记中，沈括论述了雁荡诸峰受流水侵蚀作用而形成的模样，并与黄土高原上"立土动及百尺"的地貌成因相印证，从而概括出两者在地形成因上的共同规律。用侵蚀作用来解释山脉的成因，这在世界地质学史上还是第一次。1788年，英国人郝登才提出侵蚀造山的主张，比沈括晚了七百多年。

原文

温州雁荡山，天下奇秀，然自古图牒未尝有言者。祥符中，因造玉清宫，伐山取材，方有人见之，此时尚未有名。按西域书，阿罗汉诺矩罗居震旦东南大海际雁荡山芙蓉峰龙湫(qiū)。唐僧贯休为《诺矩罗赞》，有"雁荡经行云漠漠，龙湫宴坐雨濛濛"之句。此山南有芙蓉峰，下芙蓉驿，前瞰大海，然未知雁荡、龙湫所在。后因伐木，始见此山。山顶有大池，相传以为雁荡；下有二潭水，以为龙湫。又以经行峡、宴坐峰，皆后人以贯休诗名之也。谢灵运为永嘉守，凡永嘉山水，游历殆遍，独不言此山，盖当时未有雁荡之名。

温州的雁荡山，是天下闻名的奇秀之地，然而自古以来的地理书籍图册，都不曾提到它。宋真宗大中祥符年间，因为朝廷要建造玉清宫，进山砍伐木材，才有人发现了它，当时它还没出名。按照西域佛书记载，阿罗汉诺矩罗居住在中国东南大海边的雁荡山芙蓉峰下的龙湫。唐朝和尚贯休所作的《诺矩罗赞》中，有"雁荡经行云漠漠，龙湫宴坐雨濛濛"的诗句。这座山的南边有芙蓉峰，下面有芙蓉驿，前可俯瞰大海，但却不知道雁荡、龙湫具体所在。后来因为砍伐木材，才见到这座山。山顶上有大池，相传就是雁荡；下面有两个水潭，据传就是龙湫。又有经行峡、宴坐峰，都是后人用贯休的诗句为它们起的名字。谢灵运担任永嘉太守时，永嘉一带的山水，他游览了个遍，唯独没提过雁荡山，大概是因为当时还没有"雁荡"这个名称。

　　余观雁荡诸峰，皆峭拔险怪，上耸千尺，穹崖巨谷，_{qióng}

不类他山。皆包在诸谷中，自岭外望之，都无所见；至谷中，

则森然干霄。原其理，当是为谷中大水冲激，沙土尽去，_{gān}

唯巨石岿然挺立耳。如大小龙湫、水帘、初月谷之类，

皆是水凿之穴，自下望之，则高岩峭壁；从上观之，适_{cáo}

与地平，以至诸峰之顶，亦低于山顶之地面。世间沟

壑中水凿之处，皆有植土龛岩，亦此类耳。今成皋、_{kān}

峡西大涧中，立土动及百尺，迥然耸立，亦雁荡具体

而微者，但此土彼石耳。既非挺出地上，则为深谷林莽

所蔽，故古人未见，灵运所不至，理不足怪也。

58

我观察雁荡山的各个山峰，都峻峭险怪，高耸千尺，高崖深谷，不像别的山那样。它们全被包藏在各个山谷之中，从山岭外边望去，则什么也看不见；走到山谷中才发现，许多陡峭的山峰耸入云霄。推究其形成的原理，应当是被山谷中的大水冲击，沙土都冲走了，只有巨石还高高地挺立在那里。像大小龙湫、水帘谷、初月谷之类的地方，都是流水冲凿而形成的坑穴，自下观望是高耸的山崖峭壁，从上看则恰好与地面相平，甚至许多山峰的峰顶也低于周围山顶的地面。世上的沟壑中，被水冲凿的地方都有直立的土龛和土崖，也属于这一类。现在成皋、峡西一带的大山涧中，直立的土崖动辄百尺，迥然耸立，也可以说是雁荡山这种情况的缩影，只不过这里是土崖而那里是石山罢了。雁荡山既然没有挺立在地面之上，又被深谷中的密林茂草遮蔽，所以古人没有发现，谢灵运也没有去过，就理应不足为怪了。

指南针是中国古代四大发明之一，为世界科学技术发展做出了重大贡献。早在战国时代，我们的祖先就发现了天然磁铁的指极性，并用它制造了最早的指南工具——司南。到了宋朝，指南针被广泛地运用于航海，成为辨识方向的主要仪器。

这则笔记记载了磁针的制作方法和特性。沈括通过实验观察，对一些磁学现象提出了自己的见解。

磁针指南

原文

方家以磁石磨针锋，则能指南，然常微偏东，不全南也。水浮多荡摇，指爪及碗唇上皆可为之，运转尤速，但坚滑易坠，不若缕悬为最善。其法取新纩 (kuàng) 中独茧缕，以芥子许蜡缀于针腰，无风处悬之，则针常指南。其中有磨而指北者，余家指南、北者皆有之。磁石之指南，犹柏之指西，莫可原其理。

古代司南

地球磁场

地球周围分布着磁场，就像有一根巨大的条形磁铁穿过地核。奇怪的是，地磁南极刚好位于地球的北极附近，地磁北极则位于地球的南极附近。

译文

方术家用磁石磨针尖，针尖就能指南，但是常常略微偏东，不完全指向正南。把磁针漂浮在水面上，多半摇晃不定；放在指甲上或碗边上试验也可以，而且转动更迅速，但这些东西坚硬光滑，磁针容易坠落下来，不如用丝线把针悬挂起来，这是最好的办法。其办法是从新缲出的丝絮中，抽出一根茧丝，用芥菜籽大小的一点蜡，把它粘在针腰处的平衡点上，悬挂在无风的地方，这样针尖就能时常指向南方了。其中也有针尖磨过后指着北方的，我家里指南、指北的磁针都有。磁石的指南，好比柏树的生长方向偏向西方，现在还不知道其原理。

建茶

在本则笔记中，沈括记述了宋朝各地出产的名茶，并对建茶评价甚高。宋朝以前，建州并不以茶著称。自庆历年间福建转运使蔡襄进贡龙凤团茶后，建茶方才有名，为宋人所看重。沈括在文中记述了建茶的色味及茶树的高度，认为它们在这些方面都远胜于其他名茶。这些记载为研究宋朝茶叶种植提供了可靠资料。

古人论茶，唯言阳羡、顾渚、天柱、蒙顶之类，都未言建溪。然唐人重串茶粘黑者，则已近乎"建饼"矣。建茶皆乔木，吴、蜀、淮南唯丛茭而已，品自居下。建茶胜处曰郝源、曾坑，其间又岔根、山顶二品尤胜。李氏时号为北苑，置使领之。

龙凤团茶

茶饼表面饰有龙凤图案，根据大小和重量分为大龙、大凤、小龙、小凤四种类型。曾任福建路转运使的丁谓、蔡襄，在龙凤团茶的创制方面发挥了重要作用。

古人论茶，只提到阳羡、顾渚、天柱、蒙顶之类的茶，都没有提到过建溪茶。然而唐朝人所看重的粘黑串茶，已经接近"建饼"茶了。建溪一带的茶树都是乔木，吴、蜀、淮南等地只是丛生的灌木而已，品级自然次于建茶。建溪产茶胜地中著名的是郝源、曾坑，其中又以岔根、山顶两个品种最好。南唐时号称"北苑"，还设置官吏进行管理。

| 大龙 | 大凤 | 小龙 | 小凤 |

在本则笔记中，沈括记述了一种行之有效的避风术：夏季在江湖间旅行，五更时分就起来观望天象，必须星月皎洁、天无片云，才可启程前行，到中午时又得停下。这样做就可以避免遇到暴风。

避风术

原文 江湖间唯畏大风。冬月风作有渐，船行可以为备，唯盛夏风起于顾盼间，往往罹难。曾闻江国贾人有一术，可免此患。大凡夏月风景，须作于午后，欲行船者，五鼓初起，视星月明洁，四际至地，皆无云气，便可行，至于巳时即止，如此，无复与暴风遇矣。国子博士李元规云："平生游江湖，未尝遇风，用此术。"

天气谚语

朝霞不出门，晚霞行千里。
天上钩钩云，地下雨淋淋。
日落胭脂红，无雨便是风。
日出东边白，雨停云消散。

钩钩云

译文

在江湖上行船就怕大风。冬季的风是渐渐刮起来的，行船时可以早做防备，而盛夏的风则转眼间就刮起来，行船的人往往会遇难。曾听说长江岸边的商人有一个方法，可以避免这种危险。大凡夏天的风，都是在午后才兴起，想要行船的人，五更初的时候就起来看天，如果星月皎洁，天际四周直到地面都没有云气，就可以行船了，到中午以前就停下来，这样就不会遭遇暴风了。国子博士李元规说："我平生在江湖上游历，从来没有遇到过大风，就是使用了这个方法。"

木质地图

本则笔记记述了沈括制作木质地图的过程。首先通过实地勘测，用面糊、木屑、蜡等轻型材料做成地图模型，然后再汇总雕刻成图。这种地图与平面地图相比较，更具有立体感，易辨识，因而在宋朝被广泛采用。欧洲一直到18世纪才创制出第一幅地理模型图，比沈括的木质地图晚了七百多年。

原文

予奉使按边，始为木图，写其山川道路。其初遍履山川，旋以面糊、木屑写其形势于木案上。未几寒冻，木屑不可为，又熔蜡为之。皆欲其轻、易赍故也。至官所，则以木刻上之。上召辅臣同观。乃诏边州皆为木图，藏于内府。

我 奉命出使巡察边境，创制了木质地图，用来模拟当地的山脉、河流和道路。首先，我走遍那里的山川，随后用面糊、木屑在木质几案上模拟地形做成模型。不久，天气寒冷冰冻，用木屑不行了，又改用熔蜡来制作。用这些材料都是为了让地图轻巧，便于携带。回到官署，就雕刻成木质地图进献给皇上。皇上召集朝廷辅政大臣一起观看。于是命令边境各州都制作木质地图，收藏在内府备查。

古代军事地图

1973 年，马王堆三号墓中出土的《驻军图》是中国最早标有军事内容的地图。

李顺起义

这则笔记记述了李顺起义的事情。尽管沈括摆脱不了封建统治阶级的立场观念，在文中称李顺为"蜀中剧贼"，但他本着史学家"直笔"的传统，对起义军的主张、军纪和声势都做了如实记录。尤其是李顺在起义失败后隐藏在广州三十年这一史实，为研究宋朝农民起义提供了宝贵资料，受到史学界的重视。

蜀中剧贼李顺，陷剑南两川，关右震动，朝廷以为忧。后王师破贼，枭^{xiāo}李顺，收复两川，书功行赏，了无间言。至景祐中，有人告李顺尚在广州，巡检使臣陈文琏捕得之，乃真李顺也，年已七十余。推验明白，囚赴阙，覆按皆实。朝廷以平蜀将士功赏已行，不欲暴其事，但斩顺，赏文琏二官，仍阁门祗候。文琏，泉州人，康定中老归泉州，余尚识之。文琏家有《李顺案款》，本末甚详。顺本味江王小博之妻弟，始王小博反于蜀中，不能抚其徒众，乃共推顺为主。顺初起，悉召乡里富人大姓，令具其家所有财粟，据其生齿足用之外，一切调发，大赈贫乏；录用材能，存抚良善；号令严明，所至一无所犯。时两蜀大饥，旬日之间，归之者数万人，所向州县，开门延纳，传檄^{xí}所至，无复完垒。及败，人尚怀之，故顺得脱去三十余年，乃始就戮。

蜀中反贼李顺攻陷剑南、两川的许多地方，关中地区也大为震惊，朝廷深为忧虑。后来官军攻破贼军，将李顺枭首示众，收复两川，论功行赏，当时都没有疑惑异议。到了景祐年间，有人告发说李顺还隐藏在广州，广州巡检使臣陈文琏将他捕获，确实是真李顺，他已经七十多岁了。审讯清楚后，用囚车押赴京师，复核后知其案情属实。朝廷考虑到对平蜀将士的赏赐已经执行了，就不想张扬这件事情，只把李顺斩首了，并给陈文琏加官两级，担任阁门祗候。陈文琏是泉州人，康定年间告老回到泉州，我还认识他。陈文琏家里有李顺一案的审讯案卷，很详尽地记录了此案的始末。李顺本是味江王小博的妻弟，最初王小博在蜀地造反，但他未能得到部属的拥戴，其部属共同推举李顺为首领。李顺开始起兵的时候就召集乡里所有富人大姓，命令他们申报家中全部财产和粮食，按照他们家庭人数留下口粮外，其余全部调发征集，赈济贫困百姓；选用有才干的人，安抚良善百姓；军纪严明，所到之处秋毫无犯。当时两川正遭遇严重的饥荒，不过十几天的时间，投奔李顺的就有数万人，他进攻的州县都开门投降，讨伐檄文传布之地，没有攻不下的城池。李顺失败后，人们还怀念着他，所以李顺得以顺利逃脱远走，直到三十多年后才被捕杀。

69

校勘古书

古书经过传抄、刊印，不可避免地会出现各种各样的错误，所以校勘古书是历代学者比较看重的工作。本则笔记记述的"校书如扫尘"的话语正好说明了校勘工作的重要性和繁复性，是非常中肯的。因此，这段话也成为校勘佳话而流传于后世。

宋宣献博学，喜藏异书，皆手自校雠^{chóu}。常谓："校书如扫尘，一面扫，一面生。故有一书每三四校，犹有脱谬。"

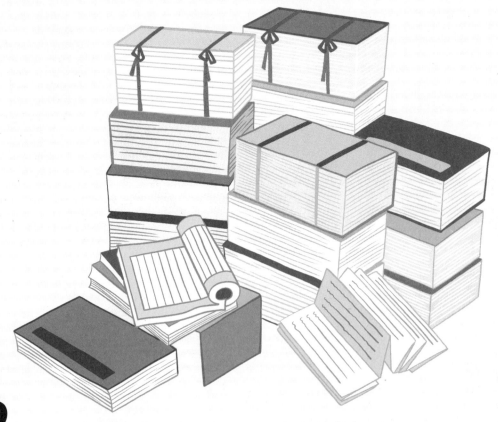

70

宋宣献学识广博，喜欢收藏珍贵书籍，这些书都经过他亲自校勘。他经常说："校书如同扫除尘土，一边打扫，一边又生。因此往往一部书校勘了三四遍，还是有脱字和错字的情况。"

宋宣献

宋绶（公元991—1041年），字公垂，谥号"宣献"。北宋名臣、藏书家、书法家，官至参知政事。宋绶家藏书万余卷，喜欢亲自校勘书籍，通晓经史百家。

药物的君臣佐使

中国传统中药学非常强调方剂中各类药物的配合使用。《神农本草经》在论及药物配伍禁忌时，就提出了"君、臣、佐、使"的理论。尽管各类药物在方剂中的地位不同，但它们相互促进、相互制约，起到了综合治疗的效果。有的旧药书据此机械地规定某类药物专为"君药"，而另外的药物则只能为"臣药""佐药""使药"。本则笔记驳斥了这类谬误。沈括认为，治疗的疾病不同，选择的"君药"就应该随之而变，"主此一方者，固无定物也"，甚至巴豆一类的大"毒"药，在治疗顽固积食症时也能成为"君药"。这一见解反映了沈括在中药学理论方面的科学认识。

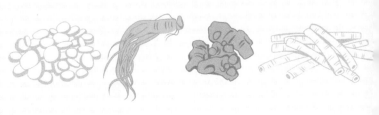

旧说有"药用一君、二臣、三佐、五使"之说。其意以谓药虽众，主病者专在一物，其他则节级相为用，大略相统制，如此为宜，不必尽然也。所谓君者，主此一方者，固无定物也。《药性论》乃以众药之和厚者定以为君，其次为臣、为佐，有毒者多为使，此谬说也。设若欲攻坚积，如巴豆辈，岂得不为君哉？

旧时有"药用一君、二臣、三佐、五使"的说法。它的意思是说药物虽然有很多，但是主治病症的却只有一种，其他药物则是按一定次序发挥作用，大体上相互统领和制约，这样才最恰当，但也不一定都是这样。所谓"君药"，指在治疗过程中起主要作用的药，本来就没有一定之限。而《药性论》中却把各种药物中药性和缓温厚的那些定为"君药"，其他的依次定为"臣药""佐药"，具有毒性的药则多被定为"使药"，这是荒谬的说法。假设要用药物治疗顽固的积食症，那么像巴豆这样的药，难道不应该作为"君药"吗？

73

汤散丸的功用

本则笔记记述了中药汤剂、散剂、丸剂的功用。汤剂、散剂、丸剂是中国传统中药方剂的三种主要剂型，它们在用于临床治疗时有不同的作用。

从药力到达的部位来看，汤剂可达四肢五脏，散剂集结于胃肠，丸药可以持久而后发散。

在临床选用剂型时，沈括主张要因人因药而异，强调"全在良工，难可定论拘也"，这也是中医药学的基本法则。

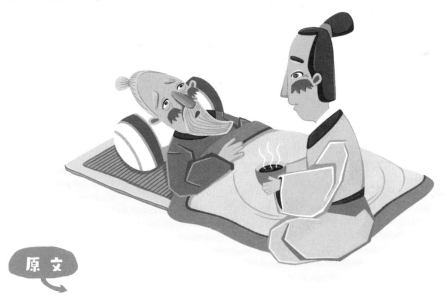

原文

汤、散、丸，各有所宜。古方用汤最多，用丸、散者殊少。煮散古方无用者，唯近世人为之。大体欲达五脏四肢者莫如汤，欲留膈胃中者莫如散，久而后散者莫如丸。又无毒者宜汤，小毒者宜散，大毒者须用丸。又欲速者用汤，稍缓者用散，甚缓者用丸。此其大概也。近世用汤者全少，应汤皆用煮散。大率汤剂气势完壮，力与丸、散倍蓰。煮散者一啜^{xǐ}不过三五钱极矣，比功较力，岂敌汤势？然汤既力大，则不宜有失消息。用之全在良工，难可定论拘也。

中医药物有汤剂、散剂、丸剂三种剂型，治疗各种病都有适宜的用法。古代方剂中用汤剂最多，用丸剂、散剂的情况特别少。煮散这种方法，古方里是不用的，只有近代以来的人们才用它。大体上说，要想让药力通达五脏、四肢，最好用汤剂；要想让药力留在膈膜、肠胃中，最好用散剂；希望药力持久，最后才发散的话，最好用丸剂。此外，没有毒性的药物适宜用汤剂，毒性小的适宜用散剂，毒性大的必须用丸剂。再者，想要药效快的建议用汤剂，稍缓的用散剂，更缓的用丸剂。这些是用药的大概方法。近代以来，使用汤剂的人很少，应该用汤剂的时候都用煮散方。大致上说，汤剂的效果强盛，药力是散剂、丸剂的数倍。煮散的话，每服不过三五钱就到头了，其功效和药力哪里比得上汤剂呢？然而汤剂的药力大，就不应该在剂量上有任何差错。选用药剂全靠良医的实践，很难有某种定论。

75

乐律的演变

本则笔记记述了乐律的历史演变，并分析了乐律降低的原因。经过实际考察，沈括发现用来定音的方响容易锈蚀，而经常打磨又会使铁片变薄，"铁愈薄而声愈下"，这是导致乐律渐变的物理原因。

沈括的见解是符合现代物理声学原理的，所以后代的定音器也相应地采用了不易锈蚀的金属来制作。

原文

本朝燕部乐，经五代离乱，声律差舛（chuǎn）。传闻国初比唐乐高五律，近世乐声渐下，尚高两律。予尝以问教坊老乐工，云："乐声岁久，势当渐下。一事验之可见：教坊管色，岁月浸深，则声渐差，辄复一易，祖父所用管色，今多不可用。唯方响皆是古器，铁性易缩，时加磨莹，铁愈薄而声愈下。乐器须以金石为准，若准方响，则声自当渐变。"古人制器，用石与铜，取其不为风雨燥湿所移，未尝用铁者，盖有深意焉。律法既亡，金石又不足恃，则声不得不流，亦自然之理也。

本朝的燕乐，经过五代的纷乱动荡，声律上有很多差错。传说本朝初年的乐律比唐朝高五律，后来的乐声逐渐低下，但还是比唐朝高两律。我曾带着这个问题去问教坊的老乐工，他说："时间久了，乐器音高必然会逐渐降低。这一点可以从一个现象中得到验证：教坊中的各类管乐器，使用的时间久了，音准就会出现偏差，这时就需要更换。祖辈、父辈所用的管乐器，现在大多都不能使用了。方响这种乐器都是古器制作，因为铁容易生锈，需时时加以打磨，铁片被打磨得越薄，声音就越低。乐器必须以金、石作为定音标准，如果以方响为标准，那么音声自然会逐渐变化。"古人制造乐器，大多采用石器与铜器，这是看中它们不因风雨燥湿环境而起变化，从来不用铁来做乐器，大概是有深意的。现在乐律的标准已经失传，金石乐器又不足为依据，因此音声出现差错，也是自然而然的事情。

77

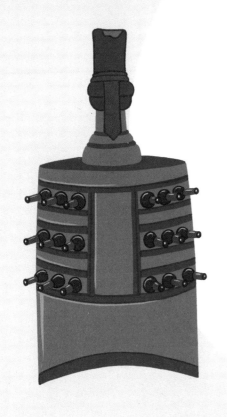

乐钟

　　古代乐钟为何是扁形的？沈括在本则笔记中科学地解释了这一奇特现象。他分析了扁钟和圆钟声音的不同衰减效应：扁钟发音短促，节奏分明；圆钟声音绵长，容易产生拍频现象。为了防止演奏时前后音节混乱，乐钟大都制成了扁形。沈括的分析在现代考古发掘中得到了证实，近年来出土的战国编钟确实都是扁形。

曾侯乙编钟

　　出土于湖北随州曾侯乙墓，是迄今世界上已发现的最雄伟、最庞大的一套编钟。它以声音和文字互相印证的方式，保存了人类的音乐记忆，是当之无愧的世界记忆遗产。

原文

　　古乐钟皆匾如盒瓦。盖钟圆则声长，匾则声短。声短则节，声长则曲。节短处声皆相乱，不成音律。后人不知此意，悉为匾钟，急叩之多晃晃尔，清浊不复可辨。

曾侯乙编钟

古代的乐钟都是扁的，像两片合起来的瓦。钟越圆声音就越长，钟越扁声音就越短。声音短节奏就分明，声音长则余音也长。在乐曲节拍急促的地方，余音会相互干扰，不成音律。后人不了解这些道理，把钟全制成了圆钟，急速敲击时就发出含混不清的声音，再也分辨不出声音的高低清浊了。

79

海潮

本则笔记中，沈括通过自己的观测，阐述了海潮发生的规律，指出海潮与月球的关系，肯定了月球对潮汐的主要影响。这一见解是符合自然规律的。同时，沈括还发现了潮汐时间与具体观测地点的关系，提出了"须据地理增添时刻"的方法，解决了所谓"潮候时差"的理论问题。

潮汐

地球上的海水受到月球和太阳的万有引力作用，从而产生了周期性涨落现象。

原文

卢肇论海潮，以谓"日出没所激而成"，此极无理。若因日出没，当每日有常，安得复有早晚？予常考其行节，每至月正临子午，则潮生，候之万万无差。（此以海上候之，得潮生之时。去海远，即须据地理增添时刻。）月正午而生者为潮，则正子而生者为汐；正子而生者为潮，则正午而生者为汐。

卢肇谈论海潮，认为"潮汐是由于日出和日落引起的"，这种说法是极其没有道理的。如果是因为太阳出没所引起，那么潮汐每天发生的时间应当有常规，怎么会有早晚之分呢？我曾经考察海潮涨落的规律，每当月亮正好运行到子午的位置，就会发生潮汐，按这一规律来观测潮汐，总是没有差错（这是从海上观察获得的潮生时刻，如果离海较远，就应当根据地理位置来推算具体的时刻）。如果月亮在午位时产生的现象叫潮，那么在子位时产生的现象就叫汐；如果月亮在子位时产生的现象叫潮，那么在午位时产生的现象就叫汐。

钱塘潮

钱塘江口呈喇叭状，江面逐渐收缩，因此大潮格外汹涌澎湃，被称为"天下第一潮"。

钱塘潮

延州军校

这个故事发生在北宋时期的延州战役中。在战争危急之际，军心浮动，连主帅也面色忧虑，可老军校却挺身而出，断言城不会被攻破，并甘愿承担城池陷落的处罚。其实，老军校并不是料事如神的人，只是用这种办法来稳定军心而已。如此情节，令人不禁被老军校的胆略和机智所折服。

原文

宝元元年，党项围延安七日，邻于危者数矣。范侍郎雍为帅，忧形于色。有老军校出，自言曰："某边人，遭围城者数次，其势有近于今日者。虏人不善攻，卒不能拔。今日万万无虞，某可以保任。若有不测，某甘斩首。"范嘉其言壮人心，亦为之小安。事平，此校大蒙赏拔，言知兵善料敌者，首称之。或谓之曰："汝敢肆妄言，万一言不验，须伏法。"校笑曰："君未之思也。若城果陷，何暇杀我耶？聊欲安众心耳。"

宝元元年，党项大军围困延安七天，延安城多次濒于失陷。侍御史范雍担任主帅，面色忧虑。这时有一位老军校站出来，自称："我是边地人，已经多次经历被围城，那时的形势有和今天相近的。党项人不善于攻城，最终无法夺下城池。今日之事绝对没有危险。我可以担保，如果有什么意外，我甘愿被斩首。"范雍赞赏他的豪言壮语能激励士气，自己也稍稍心安。战事平息后，这位军校大受奖赏提拔，人们谈起能知兵、善应敌的人，首先要推他。有人对他说："你竟然敢随意乱说，万一你说的不应验，你是要被斩的。"军校笑着说："你没有好好想过这件事。倘若城池真的被攻陷了，哪还有时间杀我呀？当时我也不过是想要稳定军心罢了。"

宋朝时，随着造船业的发展，船坞开始出现。船坞是一种建在水域岸边用来造船、修船的长方形水工建筑物。它的一般结构是有一个三面封闭的深水池，另一面与河道相通，装上可以开闭的闸门，并在池底安放一套支撑架。引水灌满水池，把需要修理的船驶进池中正对着支撑架，然后关闭闸门，抽干池里的水，船就会悬空地搁在支撑架上，这样就便于修理了。

本则笔记记述了北宋中期时汴京建造的一座船坞。这座船坞可以容纳二十多丈的龙船，显然规模是相当大的了。

船坞

国初，两浙献龙船，长二十余丈，上为宫室层楼，设御榻，以备游幸。岁久腹败，欲修治，而水中不可施工。熙宁中，宦官黄怀信献计，于金明池北凿大澳，可容龙船，其下置柱，以大木梁其上，乃决水入澳，引船当梁上，即车出澳中水，船乃笁（hàng）于空中，完补讫，复以水浮船，撤去梁柱。以大屋蒙之，遂为藏船之室，永无暴露之患。

中国古代造船技术

中国古代造船技术有三大装置：船舵的使用、水密隔舱结构和龙骨装置。这些造船技术对世界船舶结构的发展产生了深远影响。

本朝初年，两浙地区进献了一条龙船，长二十多丈，上面有多层楼的宫室，并设有御榻，以备皇上出游使用。由于年岁久远，船的腹部有损坏，想要修理，但是在水中不可以施工。熙宁年间，宦官黄怀信提出了一个方案，在金明池北挖一个深水池，使它可以容纳龙船，在深水池下部立上大木柱，在大木柱上架横梁。然后掘开金明池，使水流入深水池中，将龙船牵引到梁上，随即用水车抽尽水池中的水，船就被架在了半空中。修补完毕，再引水使船浮起来，然后撤去梁柱。建一座大屋把龙船遮盖起来，这样它就成了藏船的房子，龙船也就没有暴露在外面的忧虑了。